VOLUME 9

L'ESPENSALISMO

OSTACOLI PER UN GOVERNO

A SPESE DELL'ALTRO

PRIMA EDIZIONE

Carlos L. Partidas

quimicor2@gmail.com

DEDICATORIO

Per gli esseri umani intelligenti e capaci della Terra

CONTENUTI

RICONOSCIMENTO

A tutta l'energia che anima tutte le
Esseri viventi della terra

1

EXPENSALISM

Un spensalista (a spese dell'altro) è colui che, per poter agire, si nutre o vive a spese delle idee degli altri. Il spensalista non ha un dogma su cui basarsi, né una sua forma di azione, perché soffre veramente di dislessia mentale. La sua dottrina di base è la spensalismo. E questo è un pregiudizio cognitivo, che non permette alle persone che lo subiscono, di potersi vedere. E in alcuni casi, la maggior parte di questi spensalisti non sanno nemmeno che questi problemi ci riguardano, e marciano in avanti perché vedono altri che lo fanno.

Ma questo atteggiamento fa parte di un carattere innato della personalità, quindi sarà molto difficile per queste persone scoprire se stessi, o anche per altri scoprirli. E questa condizione, naturalmente, sarà un problema piuttosto complesso da risolvere con l'aiuto psicologico, perché si suppone che per poter cambiare questa idoneità in modo consapevole, il primo passo da compiere è proprio quello di potersi riconoscere. Ma i spensalisti non lo fanno, perché non sanno di avere questo pregiudizio cognitivo. E cercando di parlare con loro, sarebbe come spiegare ad un pazzo le cause della sua pazzia, perché non riusciranno a capirlo.

Sono persone che vivono mentalmente nel proprio mondo di impossibilità. Sono goffi, e percepiscono i fenomeni del mondo, solo a modo loro; o come credono che la società lo sia, ma non contribuiscono a migliorarla. In modo tale che per loro, gli altri avranno sempre torto, perché credono che il mondo è veramente come lo vedono. Non possono essere creativi, ma hanno una sorprendente capacità di copiare o imitare le qualità di coloro che considerano i possessori di una certa abilità, che non hanno. E se non ci riescono, perché non sanno come farlo, cercano di acquisire con l'equivalente in denaro, l'abilità degli altri, in modo che questi ultimi facciano il lavoro che non sono in grado di fare, o risolvano un problema che per loro è complesso. E mettono a loro disposizione tutti i mezzi e le risorse, in modo che chiunque ritenga di poterlo fare, si senta sicuro e a suo agio nel suo compito, almeno durante la soluzione del caso, che per il spensalista è qualcosa di estremamente complesso. E consultano sempre gli esperti, perché non hanno la capacità di incanalare la soluzione del problema attraverso la logica. E i spensalisti non sanno come affrontare una certa strategia.

Presentano sempre un'incapacità mentale, ma cercano di non dimostrarlo. E a tutto ciò che considerano confuso, vogliono dare una spiegazione scientifica, quando in qualche gruppo, ne prendono uno o uno che ritengono di non opporsi alle loro argomentazioni. E quei problemi scientifici che credono di poter dominare correttamente, adornano le loro esposizioni con un tocco speciale, per accrescere le loro presunte doti di saggezza.

E comprano le idee da altri; ma una volta ottenuto ciò che vogliono, lo calciano e lo minacciano in modo da non tradirli, perché d'ora in poi non vogliono sapere di più su chi ha fatto il lavoro per loro. E in questo modo cercano di cancellare le prove, di dimostrare che sono stati loro a contribuire all'idea. E dovranno sempre andare a cercare altri esperti, per potersi mantenere con la loro disabilità mentale, perché gli spensalisti non sono in grado di realizzare le cose da soli.

Di solito sono persone che amano il denaro; e comprano l'intelligenza degli altri, perché non vogliono nemmeno riconoscere l'abilità degli altri. Solo quella che hanno acquistato con il denaro. E per non riconoscere i capaci, inventano in qualche modo la falsità, in qualche modo, per danneggiare coloro che li hanno realmente aiutati ad ottenere i loro risultati.

E gli spensalisti si rinchiudono in circoli di potere, per non perdere le loro posizioni; o come modo di salvaguardare privilegi che davvero non meritano. E sollevano con orgoglio un falso atteggiamento di realizzazione di qualcosa che non hanno realizzato da soli. Perché agiscono solo per istinto. Sono umanoidi, o sarebbero come la transizione, se lo fanno, tra un animale e un essere umano intelligente.

E ci sono un gran numero di queste persone, perché anche voi avrete l'opportunità di andare a riconoscerle. E ne otterrete molte, perché sono intorno a voi. Ma non saranno in grado di leggere questo libro, perché per loro questo libro non ha alcun valore. In ogni caso, questa conoscenza è anche relativa. E altri espensalisti vedranno solo alcuni atti e azioni di altri espensalisti, esponendo eventi, dove il grande genio germoglia e si trasfigura. E per mezzo di uno stupido discorso, vengono coinvolti nella storia, ma da questo labirinto cronologico non potranno uscire, perché non conoscono nemmeno la prima strofa dell'inno nazionale.

Gli spensalisti vogliono approfittare delle conoscenze altrui, e copiare esattamente l'immagine dagli altri, per mostrarsi davanti agli altri, con ciò che non possono realizzare da soli. E quando istruiscono i gruppi, scappano per trasmettere ciò che gli altri hanno copiato, come se fosse una loro idea. E allo stesso tempo selezionano strategicamente questi gruppi, perché quelli da loro scelti devono avere meno valore cognitivo. Ecco perché, nella maggior parte dei casi, gli spensorialisti diventano spesso insegnanti di scuola primaria. Perché ci sono molti bambini e ci sarà un'occasione unica per dare ordini. Ma, in generale, pochissimi hanno la fine di educare o formare il bambino.

Così queste persone si formeranno e parteciperanno in gruppi, in cui ce ne sono altri con un basso livello intellettuale, perché così facendo all'interno di quella categoria, possono esprimere ciò che hanno copiato dagli altri senza ricevere obiezioni. E ciò che copiano, possono enunciare con grande abilità e grazia, perché sanno che questi gruppi di minore intelletto possono lusinghiero e riconoscerli come geni.

Ma quando si trovano di fronte ad un gruppo più avanzato, staranno zitti, perché gli spensalisti sanno bene che non tollererebbero le obiezioni, o quelle domande alle quali non saranno in grado di rispondere. Molti prendono appunti e li imparano, ma nascondono la fonte, perché esporranno l'idea copiata come se fosse la loro. Quindi non riconoscono la persona che ha emesso l'idea. Ma sarà un'idea che gli spensalisti non saranno in grado di materializzarsi, perché non sanno come farlo. Hanno imparato solo l'idea, e, dolorosamente per loro, sempre dietro l'idea, di solito deve venire di conseguenza un obiettivo, o azione che intravederà l'idea.

E per esprimere ciò che hanno copiato dagli altri, si restringono la bocca e alzano le sopracciglia gettando un po' indietro la testa. Perché chi ha proposto l'idea, l'ha detta solo con le parole che provengono dal suo pensiero, ma sullo sfondo dell'idea, un obiettivo è implicito; e in generale, chi propone un'idea, o chi capisce una ragione, è colui che sa come realizzare ciò che viene proposto.

E per i spensorialisti, l'immagine copiata o l'idea, riescono a farla sembrare propria per potersi sostenere, e si sentono ben dotati, perché forse hanno bisogno di quel complimento e riconoscimento che non possono ottenere. Raccontano agli altri con dettagli sorprendenti cosa dovrebbero fare; ma quando qualcuno chiede loro di provare a fare quello che propongono, non sanno come farlo. E si rivolgono nuovamente all'esperto per trovare una soluzione, e la cosa più certa è che non la capiranno, e in questo modo si grattano la testa, e vivono sempre confusi nella loro mente, senza proporre un'idea propria.

Così vanno e vengono da un luogo all'altro, o a qualche vuoto, perché non possono o non hanno la capacità di immaginare, di poter associare le idee attraverso il pensiero analitico. E quando avranno i soldi, in qualche modo otterranno quell'idea, che dopo essere stata acquisita, assumeranno come propria creazione, perché hanno assegnato un prezzo a quell'idea. E lo comprano con il valore equivalente del denaro. E solo per questo motivo, l'idea appartiene già a loro. Ed è la loro proprietà, perché l'hanno comprata.

E molte di queste persone vengono alla mia immaginazione: leader comunali, aspiranti a cariche politiche, ministri del governo, o i reverendi di una chiesa. Ma in realtà non sanno che con questo atteggiamento di spensalisti possono causare grandi danni all'amministrazione di una rivoluzione, a una chiesa o addirittura alla coesistenza del genere umano. Perché la verità è che queste persone purtroppo esistono, ed è molto difficile scoprirle o scoprire in esse quelle apparenze cognitive.

Alcuni e alcuni diventano arroganti, cioè, perché non possono eseguire le idee, si ritirano fuggendo in avanti, ma non senza prima, cercheranno di danneggiare moralmente e con menzogne a chi può, come modo per togliersi di mezzo. E così diventano falsi, presuntuosi e malvagi critici.

E i spensalisti sono anche i tipici nepotisti, perché alcuni occupano posizioni importanti in qualche ministero, e per non perdere i loro privilegi, nominano un membro della famiglia, che di solito deve essere anche spensalista, per poterlo inviare, e quindi raggiungere, che questo parente occupa una posizione importante, ma che questa posizione è strategica per loro per poter espandere il loro grado di dominio. Una gamma di influenza che non possono misurare nemmeno loro, perché non hanno la capacità di sapere fino a che punto questo limite può arrivare. Quindi praticano anche un egoismo che non ha fine.

Gli spensalisti delle alte posizioni lo amano quando sono lusingati. Sono contenti quando li annunciano con la fanfara di una tromba, e bisogna riceverli bene; e, se possibile, inchinarsi a loro quando passano, o stare in piedi quando arrivano. Perché se non si fanno questi gesti di riverenza nei loro confronti, sono offesi. E assaggiano delicatamente solo una piccola parte del grande banchetto. E la bevanda per loro non può essere la stessa degli altri, perché la loro deve essere esclusiva. E le bevande di più anni, saranno loro. Ma quando gli altri influenti se ne andranno, rimarranno solo quelli della loro cerchia d'influenza; e tra loro si scatenerà la grande ebbrezza, e da loro emergerà quello che sono veramente, perché la bevanda alcolica è l'unica cosa che riesce a toglierli dal loro auto-assorbimento o presunzione. Possono anche piangere durante l'ebbrezza, la frustrazione causata dal loro spensalismo.

E cercheranno di occupare le posizioni più influenti e importanti, che possono non necessariamente essere quelle di un governo, ma anche dalla posizione alta di un'opposizione; o per esempio in una chiesa. E quelli sotto non saranno uguali a loro, ma ai loro sudditi. E grazie a questa capacità di nascondersi facilmente o di essere subdoli, sono inutili, cioè parlano troppo ma senza alcun sostentamento. E se funzionano come semplici meccanici di una ferrovia, dicono che è per loro che tutta la ferrovia e le stazioni sono state progettate e costruite insieme alle ferrovie. E catturano abilmente tra gli utenti del livello inferiore, per dire loro che è stato grazie a loro che la ferrovia esiste.

Ma forse gli spensalisti esistono, unendosi ad una lista con una maggiore quantità di qualità, ma queste sono peggiori e più pericolose di quelle inutili, perché è facile scoprire quelle inutili a causa della loro mancanza di destrezza; ma non gli spensalisti, perché non partecipano direttamente ai lavori, ma danno solo gli ordini, in modo che altri li eseguano. Non sanno davvero come fare.

E riescono con grande abilità ad adottare un atteggiamento di grande gentilezza e delicatezza o dolcezza nelle loro parole, prima di chi può assegnargli una posizione importante, perché con una voce morbida, ingannano facilmente chi concede la posizione. Ma quando colui che concede loro la posizione è assente, cominciano a raccontare agli altri le debolezze di chi assegna la posizione, perché ritengono che egli stia occupando una posizione che non merita; ma che loro, come spensalisti, possono eseguire meglio questa posizione. Ma gli spensalisti vorrebbero occupare tutte le posizioni contemporaneamente. Perché gli piace dare ordini affinché siano fedelmente obbediti. E quando qualcuno li respinge, diventano furiosi, come ad esempio si tendono e saltano con la punta dei piedi e stringono i denti e i pugni stretti. I loro occhi sono germogliati e arrotondati. Oppure emettono un tremore fragoroso con le mascelle; e molte volte mostrano un pallore in faccia e un bianco nelle labbra. E diventano grigi.

E volerli farli uscire da quel mondo sarà un compito difficile. Perché sono "come ricchi di città" o arroganti; e vogliono essere dominanti, perché solo loro stessi si credono gli unici, e quindi sono quelli che meritano il riconoscimento degli altri. Sono degli zoticoni.

Ma forse gli spensalisti lasciano una "strada stretta" per entrare nel loro mondo, in quanto ammirano coloro che vedono hanno raggiunto un grado che non saranno in grado di raggiungere. Anche se in seguito, questi spensalisti possono occupare posizioni di cui si prenderanno cura gelosamente, in modo che chi ha le idee non si avvicini, perché negli spensalisti c'è il timore che qualcuno più qualificato di loro possa spostarli dalle loro posizioni. Ed è per questo che rimangono protetti da menzogne, perché, come abbiamo detto, sono oratori non di base.

E in generale, gli spensalisti possono avere successo negli affari, in quanto non sono creatori, né rischiano molto. E se l'azienda funziona da sola, non si rendono nemmeno conto di come funziona. E pagano per qualcuno che li gestisce. E se l'azienda cresce e va bene, dicono che è a causa loro. Ma se il business va male, danno la colpa al manager. E gridano all'incapacità dell'altro. Ma anche se qualcuno gestisce il proprio business con buone strategie, questo può generare le loro grandi fortune, che a sua volta li nutre come una palla di neve il loro spesalismo. E avranno uno yacht; ma non importa che non abbiano una spiaggia, ma deve essere lo yacht migliore, e lo parcheggiano nell'appartamento di fronte a casa loro, solo per sapere che hanno uno yacht. Per la gioia che provano, quando gli altri vedono che solo loro possono avere uno yacht. E vogliono solo avere uno yacht, perché questo dà loro un fascino.

E gli spensalisti cercano solo di dominare il mercato mondiale. Anche se è possibile commercializzare sul pianeta Marte o su qualsiasi pianeta a cui si possa pensare, perché non riescono a distinguere tra il reale e l'impossibile. Ebbene, vogliono solo andare avanti, senza pensare agli altri, o a chi non ha niente, nemmeno qualcosa da mangiare.

E gli spensalisti usano qualsiasi strategia ingannevole per creare in qualche modo le loro fortune effimere; e potrebbe essere attraverso un'azienda fantasma o che non è reale. E per raggiungere questo obiettivo, creano il mercato azionario, dove hanno l'opportunità di non creare nient'altro che fare soldi. E con questo, possono trovare una stravaganza, come una compagnia petrolifera che è un fantasma. E questa società vende petrolio. Ma l'azienda non ha petrolio, perché collocano sul mercato azionario solo le azioni dell'azienda fantasma. E non consegnano il petrolio negoziato, perché la consegna del petrolio è per il futuro. Ma anche il futuro non arriverà, e quindi il successo della grande compagnia petrolifera, perché ciò che vendono non è un bene reale.

Sono gli spiriti i cui pensieri sono invertiti, ed è per questo che devono diventare spesalisti, perché l'Universo sta facendo bene e sulla strada giusta. E c'è anche chi segue correttamente questa realtà dell'Universo. Mentre i spensalisti possono passare tutta la loro vita agendo in questo modo, e tornano convinti che solo loro hanno ragione. Ma se ne nutrono, un grande conflitto sociale, perché chi ha ragione non si lascerà strappare il potere, sia politico che economico, e lo darà agli spensalisti, perché chi non è spensalista capisce che gli spensalisti non sapranno come gestire la situazione.

Ma comunque, è bene osservare che questo atteggiamento superficiale dei spensalisti, sono le azioni che arricchiscono, per così dire, e rafforzano ulteriormente i criteri di quegli spiriti che possono pensare correttamente.

Forse ciò che funziona meglio per far uscire lo spensalista dal suo mondo è l'ipnosi, purché lo psicologo o l'ipnotizzatore non abbia lo stesso pregiudizio spensalista, perché conosco diversi psicologi che ce l'hanno. In modo tale, che coloro che vogliono dirigere l'ipnosi, devono essere coloro che sanno veramente indicarla, per identificare queste persone, che a poco a poco saranno quelle che si lasciano condurre alla realtà, che il mondo può essere visto da altre prospettive, o che nel mondo ci sono molte persone povere, che devono essere aiutate, affinché ogni bene acquisito abbia un valore maggiore, e solo così sarà possibile ottenere le sincere lusinghe che cercano gli spensalisti.

Ma alcuni avranno osservato che queste persone vengono prese in considerazione, ma dopo che abbiamo subito una grande insistenza. Tuttavia, dopo quanto concordato al mattino, nel pomeriggio se ne sono dimenticati e ricadono nel loro stato di sfiducia, perché sono indecisi. E continueranno a riflettere verso un vuoto; o convinti che il mondo è proprio come lo vedono loro. E che per loro, quelli sbagliati sono gli altri. Quindi dobbiamo davvero avere quella che molti chiamano pazienza per poter interagire con gli spensalisti.

E gli spensalisti dovranno salire verso l'alto per raggiungere un punto di transizione, proprio come le molecole d'acqua si trasformano in vapore dalla superficie di uno stagno.

Ma paradossalmente, pur non potendo occupare le posizioni più alte, molte volte le più umili sono le più fedeli. E sono in numero come l'acqua che rimane liquida nello stagno; e sono i più obbedienti che contribuiscono maggiormente alla nobile causa; per esempio di una chiesa, o in un governo; e sono quelli che sostengono la chiesa o il governo con più forza e dedizione. Ma anche gli spensalisti con la loro abilità ingannano, e molte persone umili difendono con fervore gli spensalisti. Forse perché non lo sanno, o perché sono anche spensalisti che sperano che un giorno anche loro possano occupare quelle alte cariche.

2

IN POLITICA, L'OPPOSIZIONE NON È DI OPPORSI

Il spensalismo è ciò che aiuta a creare un'ingiustizia collettiva risentita, e da lì nascono i grandi conflitti sociali che non finiranno mai; finché non si forma una sola casta di Esseri coscienti e intelligenti. E per raggiungere questo obiettivo, abbiamo bisogno di formare una nuova società, in modo che, allo stesso tempo, si formi una nuova umanità sia fisicamente che energeticamente.

E i spensalisti chiamano il democratico come dittatore, perché parlano di libertà, ma a possedere la loro libertà per opprimere gli altri. E se erano poveri, ma sono riusciti a uscire da uno stato di povertà, allora disprezzeranno coloro che sono ancora poveri. E con le loro fortune accumulate, i spensalisti cercano e pagano bene agli altri spensalisti, per raggiungere i loro obiettivi, ed espandere il loro dominio sugli altri. E così sarà tenuto in vita un grande conflitto che non finisce mai, perché alimentato da un atto illecito che provoca una lotta perenne tra due classi diverse. Ma questa lotta finirà solo quando c'è una sola classe sociale.

E Bertrand Russel ha detto: "Il problema con il mondo, è che gli inetti sono sicuri di tutto, mentre i capaci vivono pieni di dubbi".

Ma il mondo, e la grande preoccupazione di tutti, è che questi "pensatori" spensalisti sono stati la causa della più grande tragedia, che ha causato la divisione della razza umana. E tutto è accaduto, dal momento in cui la conoscenza è caduta nelle mani dei spensalisti, che hanno visto l'opportunità di realizzare un profitto economico. Cioè, nelle mani di chi assorbe la conoscenza dagli altri, per usarla solo per azioni perverse, o con il solo obiettivo di guadagnare denaro vendendo i propri armamenti letali. Ma con essa, trascinano e spazzano, insieme come un vademecum con quella tragedia, tutti gli esseri viventi, verso una delle più grandi disgrazie che ogni civiltà ha causato sulla Terra.

E gli spensalisti amano la politica, perché partecipare alla politica dà loro l'opportunità di governare, e i loro ordini possono essere obbediti da un collettivo. E c'è una grande opportunità di fare un discorso; o di gestire una falsa retorica con grande abilità, perché possono camminare da una parte all'altra per vantarsi, ed essere in grado di mostrare il loro talento oratoriale, attraverso un'arringa che hanno imparato, ma non potevano immaginarlo, perché non hanno nella loro mente, come spensalisti, alcun obiettivo tracciato. E se non lo raggiungono, ma hanno molti soldi, perché l'hanno acquistato attraverso la corruzione, possono influenzare per generare un conflitto nazionale, ma usando menzogne, per nascondere con il ricatto, l'origine della sua decomposizione.

Ma non pianificano una strategia ragionevole, ad esempio per vincere voti in un gioco in cui prevalgono le norme democratiche e lo Stato di diritto. Perché, poiché la scienza oscura le religioni, l'umanità deve necessariamente creare le regole che governano la coesistenza; ma queste regole devono essere rispettate da tutti, affinché una società possa coesistere. Ma i spensalisti, generalmente applicano una strategia al contrario, per ottenere i voti. E vivono solo nel momento in cui sono dovuti, senza poter andare da sinistra a destra nel panorama degli eventi. Vale a dire che gli spensalisti non hanno una visione futura o immaginaria; di acutezza mentale e sono solo sfoghi d'aria da cani. Non pianificano mentalmente, perché non possono avere immaginazione; quindi non possono nemmeno essere visionari, per poter immaginare come sarà o come arrivare a ciò che una società vuole essere. E camminano con le dita dei piedi, perché vogliono apparire diversi dagli altri.

Anche in questo caso di politica, sono gli spensalisti a causare i grandi conflitti sociali, perché gli spensalisti causano un grande malcontento sociale; poiché non hanno un radicamento, una lealtà verso se stessi, quindi non gli importa di una distinzione politica. Così possono essere al governo senza essere d'accordo con il governo, perché saranno solo dalla parte che determina la cura dei loro interessi. In altre parole, gli spensalisti di entrambe le parti sono spudorati. E da lì, partecipano da una parte o dall'altra, indipendentemente dai motivi o dalle ragioni delle lotte sociali.

E per risolvere queste incertezze, i veri leader, che possono avere e portare una strategia per riorientare e riordinare tutto quel conflitto causato dagli spensalisti, si presentano o arrivano. Anche a questi leader non interessano i soldi, e non assegnano alcun valore alle loro fortune, per quanto grandi possano essere, come fece Simón Bolívar. O mentre scrivo questo, ho appena ricevuto un'email dalla Bill & Melinda Gates Foundation, il che significa che devi anche riconoscere la generosità di Bill Gates nel voler condividere la sua fortuna attraverso una fondazione che serve principalmente bambini e malati con poche risorse.

Ma quando i spensalisti vedranno che il leader è riuscito a ristabilire l'ordine, cercheranno di riprendere il controllo dell'amministrazione; perché pensano, e sono completamente sicuri, di essere i migliori, e gli unici che possono farlo meglio. E se tutto va bene, hanno capito che l'opposizione è opporre, e danneggiano tutto, perché in qualche modo, sono gli unici che possono fare bene le cose. E ricorreranno a ogni sorta di trucchi o inganni, per far capire al mondo che è colpa di chi ha fatto le cose per bene. Perché sono gli spensalisti che sanno tutto. E questo può sembrare una parodia per riempire questo libro, ma si scopre che è una situazione reale, ed è ciò che alimenta i conflitti tra gli esseri umani.

In alcuni paesi si chiama erroneamente governo, il gruppo di persone che gestiscono le risorse dello Stato. E il nome corretto è amministrazione. E governo è il gruppo che gestisce. Ma il senso del significato è stato preso come qualcuno che intimidisce o intimidisce con una frusta di comando.

Ma la parola opposizione non è nemmeno da opporre, perché in politica, ciò che si intende con la parola opposizione, o il suo vero significato, è che l'amministrazione o la gestione a sua volta, fa le cose meglio della precedente gestione. In modo tale che obbliga gli elettori, in modo che possano scegliere il migliore, o che scelgano correttamente quello che dimostra loro, che possono gestire meglio le risorse che appartengono a tutti.

Ma molti capiscono che l'opposizione è quella di opporsi, e rivolgersi a idee opposte come veri espensorialisti. In altre parole, parlano male di colui che attualmente dirige l'amministrazione, utilizzando strategie basate su menzogne e reati.

Oppure nascondono beni di prima necessità, come il cibo e la medicina, nel tentativo di piegare la maggioranza. E quello che credono che l'altra amministrazione abbia fatto bene, poi cercano di distruggerla, perché l'idea degli spensalisti, è quella di opporsi a tutto, per catturare l'ammirazione e il voto del 50% della popolazione che è anche spensalista.

Oppure ricorrono a strategie di natura esclusivamente psicologica, come l'odio e la xenofobia, nel tentativo di farsi ammirare. Ma vogliono sempre vincere. E se questo non funziona per loro, allora si rivolgono ad altri spensalisti, che hanno anche molte armi e denaro, perché questi spensalisti sono riusciti a proteggere meglio ciò che hanno acquisito come spensalisti. Questo odio indotto assicura il loro dominio, ma è già in modo incontrollabile o globale, perché, come abbiamo detto, i spensalisti non hanno confini, e possono dispiegare i loro domini e le loro ambizioni, poiché non possono prevedere il grande danno che causano all'umanità. Perché non lo sanno bene, perché sono spensalisti.

Ma poiché amano la politica, non intraprendono una carriera scientifica, ma una professione in cui non è necessario pensare molto. E gli scienziati non vogliono sapere nulla di politica, perché sono solo intossicati dalla scienza.

E gli spensalisti non riescono a capire che l'opposizione non significa realmente opporsi, ma fare le cose meglio dell'altra amministrazione. Per esempio, se un'amministrazione costruisce 5 scuole, e l'altra che non è spensalista le si oppone dal turno della sua amministrazione; e per opporvisi, quella che non è spensalista costruisce, invece di 5 scuole, 10 scuole; per farlo, dimostrare che è un amministratore migliore, o che ha la capacità di sapere che il modo migliore per guidare una nazione, è che la sua popolazione sia istruita, a causa di questa opposizione positiva, ora la nazione avrà invece di 5, 15 scuole.

Ma quando il turno dell'amministrazione è per un spensalista, avremo zero scuole, perché come spensalista, si oppone, e non costruisce nessuna scuola. E siccome non è stato lui a costruire le 5 scuole, il spensalista crede che il modo migliore per fare opposizione sia quello di distruggere le 5 scuole che l'altra amministrazione ha costruito. E non ci saranno più scuole, perché non le ha frequentate, perché non le ha costruite e quindi è riuscito a distruggerle. Ora la nazione, oltre alle scuole zero, avrà un centinaio di opere rese inutilizzabili dagli spensalisti.

E i spensalisti si nascondono tra un'amministrazione e l'altra, causando grandi danni ad entrambe le amministrazioni, e possono, ad esempio, creare iperinflazione, perché come spensalisti, la loro unica speranza è quella di diventare milionari, ma non importa che con quei milioni non possano comprare nulla, perché i spensalisti non sanno che il valore di tutti i beni è relativo. Ma sono solo spensalisti. E poiché il valore relativo dei beni incide sul potere d'acquisto della maggioranza, soprattutto dei più poveri, naturalmente i spensalisti ritengono che questa sia la strada giusta per tornare ad essere amministratori.

E gli spensalisti, sperperano le risorse delle nazioni, perché non sanno come amministrarle, ma credono di essere il governo; ma non con il termine corretto di manager, ma che possono perseguitare o intimidire con la loro punizione. E per quanto possono, lo distruggono, e non hanno altro caso che

consegnare l'amministrazione. Ma quando l'altra amministrazione arriva e riesce a rimettere tutto in ordine, vogliono pren-
dere il controllo dell'amministrazione con la forza. E se lo
fanno in modo legale, allora distruggeranno di nuovo ciò che
la nuova amministrazione è riuscita a mettere ordine; anche
l'odio può essere così alto che attaccano e distruggono, cosa
che non ha senso così com'è, quella di abbuffarsi contro l'or-
namento.

E questa sembra essere una storia fatta per essere attribuita
ad una certa amministrazione, ma è proprio questo che causa
il grande fallimento di una civiltà che riesce ad autodistrug-
gersi. Una volta, per esempio, ho avuto l'opportunità di osservare un amministratore che è riuscito a mettere ordine in una
grande nazione. Non è intervenuto nelle guerre. E nel trasfe-
rimento del comando, l'amministratore uscente ha dato
all'amministratore entrante alcuni libri, dove è stato specifi-
cato, e gli ha detto così, che gli ha dato un surplus di 750.000
milioni di dollari. Ma il nuovo amministratore, come spensalista, voleva dare quel conto, ma l'unica cosa che vedeva erano
le guerre, e causò alla grande nazione un deficit di 750 miliardi
di dollari. In altre parole, il spensalista, come nuovo capo di
quell'amministrazione, ha causato a quella nazione una spesa
di 1.500.000 milioni di dollari. Ma in più, lasciò il suo paese
immerso in una guerra contro tutti. Ha lasciato il mondo come
campo di battaglia. E una civiltà con queste caratteristiche, veramente che non sarà in grado di sostenersi a lungo.

Ma un'altra delle cose più deplorevoli è che proprio non sa-
premo se questi spensalisti si renderanno mai conto di essere
spensalisti. Ebbene, come abbiamo già detto, è come cercare
di spiegare ad un pazzo l'origine della sua follia. O perché la

connessione energia-corpo non sempre avverrà come previsto; e in alcuni c'è grande confusione a questo proposito. Ma nel caso opposto, se incontriamo o incontriamo qualcuno che non è un spensalista ma un leader, si è immersi in una vera empatia, con quelle persone che vedono le cose dallo stesso punto di vista. E non a caso, questi grandi amici sono della stessa professione. Come i musicisti, per esempio, o quelle congregazioni religiose euforiche. E poiché il spensalismo è relativo, anche se dimostrano collettivamente quel desiderio, molte volte quando sono lasciati soli, gli spensalisti tornano alla loro condizione. Ma non senza prima di tutto, convinti di essere quelli che meritano di occupare le posizioni più alte nella chiesa. E se non ci riescono, allora hanno trovato la loro chiesa a parte.

Alcuni rendono i ranghi della chiesa irraggiungibili dal comune, perché i più alti incarichi li tengono sotto assoluto zelo e segretezza. E per quanto riguarda un governo, si formano circoli impenetrabili di potere. Per questi seggi sono riservati ai più onorevoli; e lo cedono solo a coloro che sono più spendibili; o, in una chiesa, a coloro che contribuiscono socialmente ed economicamente alla "nobile causa della loro chiesa". Ma si assicurano in qualche modo di essere in qualche modo i pastori della vita, e rimangono in cima alla piramide, così non abbandoneranno mai il loro primo posto. Si pensa che le guerre del Medio Oriente siano alimentate, perché quando un profeta è morto, non ha lasciato un successore al suo posto.

Ma se si trattasse di una nazione governata da spensalisti, elaborano leggi che conservano solo i loro interessi, e collocano nelle posizioni chiave dell'amministrazione, altri spensalisti di fiducia, come il Ministro delle Finanze, il Capo del Tesoro, o il

Presidente della Banca Centrale. E saranno life post, perché si preoccupano che questi punti chiave non siano oggetto di votazione. E con le loro leggi, si esonerano dai loro crimini, o addirittura li prevedono. Perché anche se non commettono crimini, perché dovrebbero farlo, gli spensalisti vedono solo crimini, guerre e nemici ovunque nelle loro menti vuote. E in questo modo lungimirante, questa paura li fa prevedere la punizione di quei crimini prima di commetterli, perché sono già preparati, o se necessario. Perché nella loro mente c'è solo la cauta difesa dei loro interessi, se qualcuno ha osato portarli via. E formano una vera monarchia.

E i grandi conflitti mondiali sono creati solo dagli spensalisti della Terra. Ma il problema più circospetto sarebbe sapere, perché gli esseri umani agiscono in questo modo? E questo libro potrebbe essere più ampio, ma l'idea è che dovrebbe essere una sintesi degli otto libri precedenti, perché l'umanità, veramente non può continuare su questa strada di spensalismo, ma deve essere una coesistenza molto piacevole e gioiosa tra tutti gli esseri che abitano la Terra.

SULL'AUTORE

LAUREATO ALLA SCUOLA DI CHIMICA, FACOLTÀ DI SCIENZE DELL'UNIVERSITÀ CENTRALE DI VENEZUELA, CON UNA LAUREA IN TECNOLOGIA CHIMICA. STUDI POST-LAUREA IN SCIENZE E TECNOLOGIA ALIMENTARE. LAVORO SPECIALE SULLA CHIMICA DEI PRODOTTI NATURALI E SULLA CHIMICA DELLE MALATTIE. STUDIO DELLA COSMOLOGIA E DELL'ORIGINE DELL'ENERGIA SPIRITUALE.

CARLOS PARTIDAS

L'ESPENSALISMO

www.ingramcontent.com/pod-product-compliance
Lightning Source LLC
Chambersburg PA
CBHW031335290526
45784CB00014B/2751